Elisabeth Esch

Gott als brutaler Pädagoge im Gleichnis vom Schalksknecht Mt 18,23-35

GRIN Verlag

Bibliografische Information der Deutschen Nationalbibliothek:

Die Deutsche Bibliothek verzeichnet diese Publikation in der Deutschen National-
bibliografie; detaillierte bibliografische Daten sind im Internet über http://dnb.d-
nb.de/ abrufbar.

Impressum:

Copyright © 2013 GRIN Verlag GmbH
Druck und Bindung: Books on Demand GmbH, Norderstedt Germany
ISBN: 978-3-656-38736-7

Dieses Buch bei GRIN:

http://www.grin.com/de/e-book/209949/gott-als-brutaler-paedagoge-im-gleichnis-
vom-schalksknecht-mt-18-23-35

Gott – ein brutaler Pädagoge?

Das Gleichnis vom Schalksknecht Mt
18,23-35

Inhaltsverzeichnis

1. Bibelstelle

Mt 18,23-35 nach MNT:

23: Deswegen wurde verglichen das Königtum der Himmel einem Menschen, einem König, der Abrechnung halten wollte mit seinen Sklaven.

24: Als er aber begann, (sie) abzuhalten, wurde hingebracht zu ihm einer, ein Schuldner von zehntausend Talenten.

25: Da er aber nicht(s) hatte zurückzugeben, befahl der Herr, daß er verkauft werde und die Frau und die Kinder und alles, wieviel er hat, und daß zurückgegeben werde.

26: Fallend nun fiel der Sklave nieder vor ihm, sagend: Sei großmütig zu mir, und alles werde ich dir zurückgeben.

27: Ergriffen aber entließ der Herr jenes Sklaven ihn, und die Schuld erließ er ihm.

28: Herauskommend aber fand jener Sklave einen seiner Mitsklaven, der ihm schuldete hundert Denare, und ergreifend ihn, würgte er (ihn), sagend: Gib zurück, wenn du etwas schuldest!

29: (Nieder)fallend nun bat sein Mitsklave ihn, sagend: Sei großmütig zu mir, und ich werde dir zurückgeben.

30: Der aber wollte nicht, sondern weggehend warf er ihn ins Gefängnis, bis er zurückgebe das Geschuldete.

31: Sehend nun seine Mitsklaven das Geschehene, wurden sie sehr betrübt, und kommend erklärten sie ihrem Herrn alles Geschehene.

32: Dann, herbeirufend ihn, sagt sein Herr ihm: Böser Sklave, all jene Schuld erließ ich dir, weil du mich batest;

33: mußtest nicht auch du dich erbarmen deines Mitsklaven, wie auch ich mich deiner erbarmte?

34: Und erzürnt gab ihn sein Herr den Folterern, bis saß er zurückgebe alles Geschuldete.

35: So wird auch mein himmlischer Vater euch tun, wenn ihr nicht erlaßt, jeder seinem Bruder, von eurem Herzen.

.

2. Einleitung

Das Gleichnis vom unbarmherzigen Diener (vgl. Mt 18,23-35) erscheint für den Leser zunächst äußerst positiv zu sein. Ein König zeigt sich gegenüber seinem Sklaven sehr barmherzig und erlässt ihm eine Menge Schulden. Umso erstaunlicher ist es dann, dass dieser selbst seinem Mitsklaven eine viel geringere Summe von Schulden nicht erlässt. Um den Sklaven zu bestrafen, gibt der König ihm seine Schuld wieder zurück und lässt ihn foltern. Das Handeln des Königs scheint bis hierhin legitim zu sein, um Gerechtigkeit walten zu lassen. Allerdings wird zum Schluss dieser Bibelstelle der König mit dem himmlischen Vater verglichen.

Das würde bedeuten, dass Gott den Menschen zwar die Sünden erlassen, aber auch wieder auferlegen kann und die Menschen bei Fehlverhalten gewaltvoll und grausam zurechtweisen wird. Ist Gott wirklich ein derart brutaler Pädagoge, wie er hier augenscheinlich dargestellt wird?

Mit dieser Frage wird sich die folgende Ausarbeitung beschäftigen. Zunächst wird allgemein etwas zu dieser Parabel ausgesagt. Im Anschluss daran wird der Inhalt der drei Abschnitte dargestellt, in die die Geschichte unterteilt werden kann. Daraufhin wird untersucht, inwieweit die Geschichte real und wirklichkeitsnah ist im Hinblick auf die Realien und Strafen. Zum Ende hin wird das auftretende problematische Gottesbild charakterisiert, um es anschließend anhand einer kontextuellen Analyse auszuwerten.

3. Allgemeines

Die zu untersuchende Bibelstelle Mt 18,23-25 bildet den Abschluss der Gemeinderede über das Leben untereinander. Sie steht im direkten Zusammenhang mit dem Gleichnis vom verlorenen Schaf und der Frage nach der Sündenvergebung (vgl. Mt 18,12-22), was anhand des einleitenden „deswegen" (Mt 18,23) erkennbar ist. Die nachfolgende Geschichte scheint wie eine narrative Antwort auf die Frage von Mt 18,21 zu sein, in der zum Gebot des Verzeihens aufgefordert wird.[1] Es handelt sich aufgrund des Aorists, der einzigartigen Handlung und dem ungewöhnlichen Vorgang vom Schulderlass von einer so hohen Menge um eine Parabel. In den anderen Evangelien taucht diese Geschichte nicht noch einmal auf, sodass sie wahrscheinlich aus dem mattheischen Sondergut stammt.[2]

4. Inhalt und Gliederung

4.1. Einleitung

Die Bibelstelle kann in drei Teile aufgegliedert werden. Der erste Teil und gleichzeitig der erste Vers bildet die Einleitung, der aufgrund des διὰ τοῦτο als eine Erklärung für das Vorangegangene dienen soll und somit eine Überleitung bildet. Das Königtum des Himmels ἡ βασιλεία τῶν οὐρανῶν wird verglichen mit dem Handeln eines menschlichen König. Die Sklaven stehen stellvertretend für die Menschheit.[3] Zu Anfang der Parabel wird demnach direkt Bezug genommen zum Reich Gottes, das Jesus Christus verkündet. Dies wird auch aufgrund des Wortes λόγον deutlich, welches stellvertretend für das Gericht steht.[4] Der Blick des Lesers wird mit der Verwendung des Aorists in die Vergangenheit gerückt, um die Parabel mit „bereits gemachte(n) Erfahrungen"[5] in Verbindung zu setzen.

---

[1] Vgl. F. SCHLÖSSER, Gleichnisse Jesu, 112.
[2] Vgl. L. BORMANN, Bibelkunde, 203.
[3] Vgl. W. WIEFEL, Evangelium nach Matthäus, 329.
[4] Vgl. U. LUZ, Das Evangelium nach Matthäus, 68.
[5] H. FRANKEMÖLLE, Matthäus, 266.

4.2. Hauptteil

Der zweite Abschnitt kann in drei parallel aufgebaute Szenen aufgeteilt werden. In dem ersten Abschnitt sieht sich ein Großschuldner-Sklave mit dem König konfrontiert, da er dem König 10.000 Talente schuldig ist. Dies kann er allerdings nicht zurückzahlen. Der König zeigt Gnade und erlässt ihm seine volle Schuld (vgl. Mt 18,24-27). In der zweiten Szene wird der Sklave, der zuvor Schuldner war, zum Gläubiger gegenüber einem Mitsklaven, der ihm hundert Denare zurückzahlen muss. Der Gläubiger hat kein Mitleid mit ihm und wirft ihn ins Gefängnis (vgl. Mt 18,28-30). Diese Unmenschlichkeit bekommt der König mit und gibt dem Großschuldner-Sklaven seine Schuld zurück und lässt ihn foltern, weil er trotz der Gnade, die er erfahren hat, selbst keinen Schulderlass gewährte (vgl. Mt 18,31-34). In V. 32f. wird der Leser direkt angeredet. Hier zeigt sich der moralische Aspekt der ganzen Parabel (vgl. Mt 5,7). Für den Hörer und Leser findet zwischen den drei Szenen eine Dynamik statt, weil einerseits die Szenen aufeinander aufbauen und andererseits in jedem Teilabschnitt ein Rollenwechsel stattfindet, indem der Großschuldner-Sklave seinen Status vom Schuldner zum Gläubigen wechselt. Zudem bilden die erste und die letzte Königsszene einen Rahmen, da sich dieselben Personen gegenüberstehen und das Geschehen innerhalb des Palastes stattfindet. Im Gegensatz dazu spielt die Mitsklaven-Szene außerhalb und vertikal, da die beiden Protagonisten dieselbe gesellschaftliche Rolle einnehmen. In der ersten und zweiten Szene finden sich zusätzlich Parallelen zwischen den Gesten und Worten des jeweiligen Schuldners, der den Gläubiger bittet.[6] Allerdings ist die Reaktion jeweils eine andere, da einerseits die Freiheit geschenkt und andererseits genommen wird (vgl. Mt 18,27.30). Dagegen findet sich eine Übereinstimmung zwischen dem Ende der zweiten und der dritten Szene (vgl. Mt 18,30.34), aber gleichzeitig eine Antithetik zwischen V.27 und V. 34. Sowohl in dem zweiten, wie auch im dritten Abschnitt wird ein Urteil vollstreckt und das Geld muss zurückgezahlt werden, begleitet von einer emotionalen

---

[6] Vgl. πεσὼν οὖν ὁ δοῦλος προσεκύνει αὐτῷ λέγων· μακροθύμησον ἐπ' ἐμοί, καὶ πάντα ἀποδώσω σοι (Mt 18,26) mit πεσὼν οὖν ὁ σύνδουλος αὐτοῦ παρεκάλει αὐτὸν λέγων· μακροθύμησον ἐπ' ἐμοί, καὶ ἀποδώσω σοι (Mt 18,29).

Reaktion. Zunächst ist der Sklave traurig und der König zornig, aber anschließend zeigt sich der Sklave gegenüber seinem Mitsklaven emotionslos. Es wird eine Imitatio der Verhaltensweise des Königs erwartet, die Erbarmen beinhaltet gegenüber dem Sklaven, wie es die Frömmigkeitsregel in Mt 6,1f. vorschreibt. Dies bleibt allerdings aus und die Barmherzigkeit des Königs schlägt wiederrum in Zorn um.

Durch diesen Aufbau und den vielen Wiederholungen der Wörter wird die Gesamtheit des Abschnittes deutlich. Es fällt auf, dass alle Verse mit einer Partizipialkonstruktion beginnen, außer V. 30, der die Worte ὁ δὲ οὐκ ἤθελεν voranstellt. Dadurch wird die Besonderheit des Geschehens verdeutlicht, in das der Gläubiger seinem Schuldner nicht vergibt. Hier zeigt sich der Wendepunkt der Parabel.[7]

4.3. Auswertung

Der Schluss wird dem üblichen Wort οὕτως eingeleitet (vgl. Mt 18,35).[8] In dieser Auswertung werden die Brüder, ergo die Gemeinde, angesprochen. Es wird ihnen gesagt, dass Gott so wie der König am Ende handeln wird, wenn die Menschen gegenseitig kein Mitleid zeigen. Das gnädige Handeln des himmlischen Vaters soll den Menschen deswegen als Grundsatz dienen (vgl. Lk 6,36). Der König wird im Alten Testament oft als Metapher für Gott verwendet (vgl. bspw. Jes 6,5; 41,8-16; 43,1-15). Mit dem moralischen Anspruch nimmt die Parabel eine Form von Gerichtsrede an. Dabei soll sich der Mensch am Herzen orientieren, was im Matthäusevangelium üblich ist für die Entscheidung von „Heil und Unheil des Menschen"[9] (vgl. bspw. Mt 6,21; 9,4). Auf das hier angesprochene Gottesbild wird im weiteren Verlauf genauer eingegangen werden.[10]

5. Sozialgeschichtliche Analyse

---

[7] Vgl. U. LUZ, Das Evangelium nach Matthäus, 66-73.
[8] Vgl. W. WIEFEL, Evangelium nach Matthäus, 327.
[9] H. FRANKEMÖLLE, Matthäus, 267.
[10] Vgl. U. LUZ, Das Evangelium nach Matthäus, 75.

Die Höhe der Schuld, die der Sklave gegenüber dem König hat, scheint unvorstellbar zu sein. Denn ein Talent entspricht 14.400 Drachmen und 200 Drachmen bilden den Jahreslohn eines Tagelöhners. Solch eine große Summe von 10.000 Talenten ist in der antiken Welt nur als Schulden von dem römischen Reich vorstellbar und nicht bei einem Privatschuldner. Der Autor des Matthäusevangeliums nennt bewusst solch eine hohe Summe, um aufzuzeigen, wie groß die Verschuldung gegenüber dem König und wie barmherzig es dahingehend ist, sie dem Sklaven zu erlassen. Zudem wird im zweiten Teil deutlich, wie gering der Betrag ist, den der Großschuldner dem Kleinschuldner erlassen könnte.[11] Gleichzeitig soll die nicht zurückzahlbare Schuldenhöhe ausdrücken, dass der Mensch sich gegenüber Gott „in einer unauflösbaren Schuldensituation befindet",[12] da der König stellvertretend für den himmlischen Vater steht. Nur die Erzählstimme sagt die Zahl der Schulden. Es muss sich in dieser Parabel um einen Großsteuerantreiber handeln, der in der Gesellschaft hoch angesehen ist. Der König hat die Vollmacht Schulden einzutreiben. Es handelt sich wahrscheinlich nicht um eine real erlebte Situation aufgrund der hohen Schulden, sondern sie soll das Reich Gottes repräsentieren.[13]

Die Summe von 10.000 Talenten ist zu hoch, um sie zurückzuzahlen. Aus diesem Grund möchte der König zunächst den Schuldner und auch seine Familie nach hellenistischem Recht verkaufen. Nach alttestamentlichem Recht war Versklavung üblich, jedoch nicht, dass es die ganze Familie betrifft (vgl. Ex 22,2). Die Ehefrau zu verkaufen ist nach jüdischem Gesetz nicht gestattet, womit klar wird, dass es sich sowohl beim König als auch beim Sklaven um Heiden handeln muss. Nach jüdischem Recht darf zudem ein Jude nicht an einen Heiden verkauft werden.[14] Da der Schuldner um Gnade bittet, zeigt der Gläubiger Mitleid und erlässt ihm sämtliche Schulden, was der Sklave nicht zu bitten gewagt hat. Mitleid steht in der Bibel stellvertretend für „Gottes Erbarmen, seine Huld und Herablassung."[15] Mit dem Schuldenerlass einer derartigen Höhe durch den König hat sowohl der Sklave als auch der Leser nicht gerechnet. Damit soll ausgesagt wer-

---

[11] Vgl. F. SCHLÖSSER, Gleichnisse Jesu, 112-113.
[12] W. WIEFEL, Evangelium nach Matthäus, 329.
[13] Vgl. H. FRANKEMÖLLE, Matthäus, 265.
[14] Vgl. U. LUZ, Das Evangelium nach Matthäus, 70.
[15] F. SCHLÖSSER, Gleichnisse Jesu, 113.

den, dass die Erlösung durch Gott das menschliche Denken übersteigt. In der zweiten Teilszene befinden sich die beiden Protagonisten auf der gleichen sozialen Ebene, mit denen sich die Hörer und Leser im Gegensatz zur ersten Szene identifizieren konnten (vgl. Mt 18,28-30). Folgerichtig wird hier das Verhältnis zwischen den Menschen untereinander angesprochen. Der Sklave geht aber mit seinem Mitsklaven um, wie der König mit ihm, was anhand des Wortlautes überprüft werden kann. Die Zurückzahlung von hundert Denaren[16] scheint realistisch zu sein. Der Sklave beharrt auf sein Recht, das Geld zu bekommen. Er verhält sich so, als wäre er in äußerster Geldnot, obwohl ihm zuvor seine Schulden erlassen worden sind. Trotz seines Freispruches verhält er sich unbarmherzig und lässt den Kleinschuldner in das Gefängnis werfen, obwohl er mit den gleichen Worten, wie der Großschuldner zuvor, um Vergebung bittet. Das Gefängnis gilt in der Antike als Druckmittel für die Verwandten, den Schuldner zurückzukaufen. Dass Schuldner ins Gefängnis kommen bei Nichtzahlung ihrer Schulden ist historisch belegt. Die Schuldhaft ist damals üblicher als die Versklavung. Denn der Verkauf des Gefangenen hätte sich nicht rentiert, wodurch der Gläubiger den Erlös dieses Verkaufs und seine Güter erhalten hätte. Nach jüdischem Recht ist allerdings diese Sanktion nicht gestattet. Dem Leser erscheint das Handeln des Sklaven isoliert betrachtet grausam und hart, aber es war zu jener Zeit nicht unüblich. Allerdings wird das Geschehen unmenschlich im Hinblick auf den Kontext. Da der Großschuldner selbst keine Gnade gezeigt hat, übergibt der König ihm den Folterer und gibt ihm seine ganze Schuld πᾶν τὸ ὀφειλόμενον wieder zurück (vgl. Mt 18,34). Folter ist wiederrum ein Druckmittel für die Verwandten, um den Schuldigen gegen Geld zu erlösen.[17]

Zusammenfassend kann gesagt werden, dass die Geschichte wirklichkeitsnah erzählt wird. Zwar ist die Höhe der Schulden von 10.000 Talenten unrealistisch, aber sie soll nur bildhaft dazu dienen, dem Leser den Unterschied zwischen den Schuldenhöhen und dem unbarmherzigen Handeln des Sklaven zu verdeutlichen.

---

[16] Drachme und Denare sind in etwa gleich gewichtet.
[17] Vgl. U. LUZ, Das Evangelium nach Matthäus, 70-72.

6. Problematisches Gottesbild

Am Ende wird explizit der Zusammenhang zum Reich Gottes erläutert, indem gesagt wird, dass Gott so wie der König zum Schluss gehandelt hat auch wirken wird, wenn die Menschen untereinander ihre Schuld nicht erlassen (vgl. Mt 18,35). Allerdings zeigt sich hier ein problematisches Gottesbild. Denn es stellen sich die Fragen, ob Gott den Menschen die vergebene Schuld wieder auferlegen kann, dann wäre Gott wortbrüchig, oder ob Gott so grausam ist, wie der König, dann wäre er nicht ohne Ende barmherzig, oder aber ob er lediglich den Sklaven imitiert und sich somit an menschlichem Verhalten orientiert. Alle diese Punkte passen nicht zu dem Gottesbild, das Jesus Christus der Menschheit verkündet, denn Gottes Gnade ist unumstößlich (vgl. Röm 11,29).

Manche Exegesen lösen das auftauchende Problem dadurch, dass für sie Mt 18,34 sekundär sei, da es unbegreiflich scheint, dass Gott so unbarmherzig handeln könnte. Andere gehen sogar so weit zu behaupten, dass die Parabel mit Mt 18,30 ende, damit der Leser sich selbst seine Meinung bildet. Es zeigen sich jedoch keine Gründe, die diese Behauptung stützen. Im Gegenteil zeigt sich eine geradlinige, aufeinander aufbauende und durchgängige Geschichte.[18] Zudem zeigen diese Verse sprachlich gesehen keinerlei Auffälligkeiten.[19] In Vers 34 zeigt sich außerdem der Gedanke des „Endgerichts [...], der aus der Umkehrpredigt Jesu nicht entfernt werden kann."[20] Der parallele Aufbau und die sprachliche Nähe zwischen Mt 18,30 und Mt 18,34 sprechen dafür, dass V.34 zu der Parabel dazugehört und nicht ergänzt wurde. Es muss demnach überlegt werden, wie mit ihm umzugehen ist. Eine Möglichkeit wäre, dass die Geschichte von unten gelesen werden muss, sodass sich der Leser mit dem Mitsklaven identifiziert, wobei das Gericht nur die Anderen und nicht den Mitsklaven selbst betrifft. Eine andere Variante sagt aus, dass die Parabel nicht allegorisch ausgelegt und der König nicht mit Gott gleichgesetzt werden darf, wodurch der Leser selbst filtern muss, welche Eigenschaften des Königs auf Gott zutreffen und welche nicht. Auf jeden Fall steht fest, dass das Geschehen im Gesamten betrachtet werden muss.

---

[18] Vgl. die Aufzählung der Exegeten bei ebd., 67.
[19] Vgl. ebd., 67.
[20] W. Wiefel, Evangelium nach Matthäus, 328.

Dafür dient die kontextuelle Auslegung, auf die im weiteren Verlauf eingegangen wird, um die Parabel aufzuschlüsseln.

7. Kontextuelle Auslegung

Um die Parabel des Schalksknecht auszuwerten, bietet sich die kontextuelle Auslegung an. Zunächst wird erläutert, was mit den Schulden gemeint ist, da das Wort heutzutage eine Metapher für die Sünde darstellt. Δάνειον (vgl. Mt 18,27) bezeichnet wörtlich „Darlehen oder Schuld."[21] In der Parabel meint es die Geldschuld und im Kontext betrachtet geht es um die Sünde. Dies wird aufgrund der Anknüpfung an Mt 18,21f. erkennbar. An dieser Stelle antwortet Jesus, dass man einem Schuldigen „siebzigmal sieben" (Mt 18,22) Mal vergeben soll, was anschaulich macht, dass man immer verzeihen soll. Es kommt die Frage auf, wie mit dem Schuldner und Sünder umzugehen ist. Im Vergleich zwischen der Parabel und dem Gleichnis vom verlorenem Schaf wird deutlich, dass es der Wille Gottes ist, dass die Menschen das Schaf, in diesem Fall den Schuldner, aufsuchen, ihn aufnehmen und seine Schulden erlassen. Dagegen möchte Gott nicht, dass das Schaf nicht gesucht wird, dem Sklaven nicht geholfen wird, was den Ausschluss aus der Gemeinde bedeutet (vgl. Mt 18,12-14). Der Großschuldner-Sklave wirft seinen Mitsklaven selbst ins Gefängnis, ἔβαλεν αὐτὸν εἰς φυλακὴν, wodurch er gegen den Willen Gottes handelt (vgl. Mt 18,30). In der darauffolgenden Szene agiert der König auch mit seiner eigenen Hand gegen Gottes Absicht. Sowohl im Gleichnis vom verlorenem Schaf als auch in dem vom unbarmherzigen Gläubiger wird Gott mit menschlichen Verhalten in Beziehung gesetzt und gegen seine Intention agiert. Die Parabel ist demnach eingefasst in die Thematik der Sündenvergebung, die in der Bibel oft aufgegriffen wird. Laut Sir 28,2 vergibt Gott den Menschen die Schuld erst, wenn die Menschen sich gegenseitig vergeben. Dieses reziproke Verhältnis wird auch im Vater Unser verdeutlicht (vgl. Mt 6, 9-13; Lk 11,2-4). Im Matthäusevangelium folgt zusätzlich ein Kommentar, der das Vater Unser verstärkt und mithilfe des Tun-Ergehen-Zusammenhangs explizit aussagt, dass Gott die Sünden erst vergeben kann, wenn die Menschen

---

[21] Ebd., 329-330.

sich untereinander vergeben (vgl. Mt 6,14f.). Auch in der Bergpredigt verkündet der mattheische Jesus, dass man nicht auf Vergeltung aus sein soll und dem, der es nötig hat, Geld leihen soll (vgl. Mt 5,38-42). Diese Stellen werden in die Parabel eingebettet und narrativ verwandelt.[22] Denn der Gläubiger hat die Möglichkeit die Sünden seines Schuldners in der Gegenwart auf Erden zu vergeben, agiert jedoch gegen die goldene Regel (vgl. Mt 7,12), wodurch ihm selbst auch nicht seine Sünden genommen werden können, weil die Voraussetzung dafür fehlt. Denn Gott spricht einem nur von seinen Sünden los, wenn einer selbst mit dem Herzen verzeiht.[23] Die erste Szene vom Hauptteil sagt metaphorisch gedeutet aus, dass Gott uns von der großen Sündenschuld befreien kann und wird (vgl. Mt 18,24-27). Die absolute Vollmacht der Sündenvergebung besitzt demnach der himmlische Vater (vgl. Mt 18,34f.). Die dritte Szene repräsentiert das Geschehen vor dem grausamen Endgericht, von dem allerdings nicht alle betroffen sind, sondern nur diejenigen, die in der Gegenwart den Sünder anklagen und nicht die Sünden vergeben, wie der Großschuldner-Sklave in der Parabel. Die zwischenmenschliche Vergebung ist daher die Voraussetzung für „die göttliche Vergebung im Endgericht."[24] Nur wer bereit ist zu lieben und zu vergeben, kann sich Gott öffnen (vgl. 1 Joh 4,10-19).[25] Demnach erklärt sich das problematische Gottesbild dahingehend, dass die dritte Szene das endzeitliche Gericht darstellt, in dem Gott den Menschen von seinen Sünden erlösen kann, wenn er zuvor recht gelebt hat. Es geht in der Parabel nicht darum, dass Gott uns die Sünden wieder auferlegen kann. Es muss sich auf die eigentliche Intention konzentriert werden und zwar der Aspekt der zwischenmenschlichen Sündenvergebung unter dem Vollzug der Liebe, der Voraussetzung ist für die Erlösung von Gott. Denn ohne Befolgung des Gebotes der Liebe und der Gerechtigkeit folgt die Bestrafung im Endgericht (vgl. Mt 25,40-46).[26] In jedem Fall wird Jesus Christus als der menschliche Sohn Gottes die Sünden der Menschen vergeben, so wie die Menschen sich untereinander verzeihen können (vgl.

---

[22] Vgl. H. FRANKEMÖLLE, Matthäus, 266.
[23] Vgl. F. SCHLÖSSER, Gleichnisse Jesu, 116.
[24] U. LUZ, Das Evangelium nach Matthäus, 75.
[25] Vgl. F. SCHLÖSSER, Gleichnisse Jesu, 117.
[26] Vgl. L. BORMANN, Bibelkunde, 213.

Mt 9,5-8). Denn der Ursprung der Vollmacht der Sündenvergebung liegt im Tod Jesu (vgl. Mt 26,28; Mk 14,24; Lk 22,20).

8. Fazit

Ob Gott hier nun wirklich als brutaler Pädagoge dargestellt wird, ist schwer zu beurteilen. Mithilfe der kontextuellen Auslegung lässt sich das Gottesbild dahingehend deuten, dass Gott uns die Sünden im endzeitlichen Gericht vergibt, wenn wir uns untereinander zuvor vergeben haben. Dies repräsentiert den Gott, den Jesus Christus verkündet hat, da er so nicht wortbrüchig oder unbarmherzig handeln würde, weil wir unser Schicksal selbst in der Hand haben. Es ist wichtig das eigentliche Thema der Parabel im Blick zu behalten. Dies liegt in der Sündenvergebung unter den Menschen und nicht in der eventuellen Wiederauferlegung der Sünden durch Gottes Hand. Die Parabel soll zur Vergebungsbereichtschaft und Nächstenliebe aufrufen, damit die Menschen nicht gegeneinander handeln, sondern barmherzig sind, wie der Vater. Jedoch bleibt das Problem des hier angesprochenen Gottesbildes, wenn die Parabel rein wörtlich betrachtet wird. Denn dadurch würde der König, der stellvertretend für den himmlischen Vater steht, dem Menschen die Schuld wieder auferlegen. Vor allem zeigt sich ein Problem, da der König zuletzt selbst gegen die Intention Gottes handelt, ergo würde Gott gegen seinen eigenen Willen agieren. Dieses Problem muss weiter betrachtet werden, übersteigt allerdings den Umfang der Arbeit.

Es handelt sich um eine realistisch dargestellte Szene, die trotz der hohen Schuldensumme vor dem König, die bildhaft für den Vergleich der Sündenvergebung stehen soll, so hätte passieren können.

9. Literaturverzeichnis

BORMANN, LUKAS, Bibelkunde. Altes und Neues Testament, 2. durchgeseh. Aufl., Göttingen 2008.

FRANKEMÖLLE, HUBERT, Matthäus Kommentar 2, Düsseldorf 1997.

HEINZ, JOSEF (Hrg.), Münchener Neues Testament, Düsseldorf [7] 2004.

LUZ, ULRICH, Das Evangelium nach Matthäus (Mt 18-25), Zürich/Düsseldorf/Neukirchen-Vluyn 1997 (EKK 3).

SCHLÖSSER, FELIX, Die Gleichnisse Jesu – und wie wir uns darin wiederfinden, Würzburg 2010.

WIEFEL, WOLFGANG, Das Evangelium nach Matthäus, Leipzig 1998.

Lightning Source UK Ltd.
Milton Keynes UK
UKRC011640040219
336549UK00011B/41